Société des Amis des Arts

DE

CHALON-s-SAÔNE

EXPOSITION DE 1854.

PRIX : 50 CENTIMES.

Chalon-sur-Saône, Imprimerie de J. Dejussieu.

1854.

EXPLICATION DES OUVRAGES

DE

PEINTURE, SCULPTURE,

GRAVURE, DESSIN,

DE L'EXPOSITION

DE LA

Société des Amis des Arts

DE CHALON-SUR-SAONE,

OUVERTE AU MUSÉE DE CETTE VILLE LE 18 JUIN 1854.

PRIX : 50 CENTIMES.

CHALON-SUR-SAONE,
IMPRIMERIE DE J. DEJUSSIEU, RUE DU CHATELET, 14.

—

1854.

AVIS.

Pour la plus grande sûreté des Ouvrages exposés,
il a été établi, à la porte d'entrée, des préposés à qui
on doit confier les cannes et les parapluies qu'il est
nécessaire de déposer avant d'entrer, ainsi que tous
les objets portatifs qui pourraient nuire à la circu-
lation.

L'Exposition est ouverte au public tous les jours
de la semaine, de onze heures du matin à quatre
heures de l'après-midi, excepté le lundi.

———

Les Dimanches de la Saint-Jean et de la
Saint-Pierre, il sera perçu un droit d'entrée
de cinquante centimes par personne.

AVERTISSEMENT.

———

Les * placés au commencement des articles indiquent que les objets appartiennent aux Artistes, et qu'il faut s'adresser au Secrétaire de la Société des Amis des Arts pour en connaître le prix.

La clôture de l'Exposition est fixée au 31 Juillet 1854. Aucun des ouvrages exposés ne pourra être retiré avant cette époque.

CONSEIL D'ADMINISTRATION

DE LA

SOCIÉTÉ DES AMIS DES ARTS

DE CHALON-SUR-SAONE.

MM.

PACCARD (Alfred), Maire,   Président honoraire ;
CHEVRIER (Jules), Adjoint, Président ;
TIXIER père,   Vice-Président ;
GEORGES (Auguste),   Secrétaire ;
CHABAS-PROUVÈZE,   Trésorier.

BATAULT (Henri) ;   LEBRUN-DEJUSSIEU ;
CANAT (Marcel) ;   LEWALL, architecte ;
CANAT (Paul) ;   MAIZIÈRES (Charles DE) ;
COUTURIER, prof^r de des^{in} ; MÉRAY (Charles) ;
DUCLOS, architecte ;   MEULIEN (Emile) ;
DULAC fils ;   MEULIEN (Alfred) ;
FOUQUE (Victor) ;   RAFFORT (E.) ;
GOUY (Auguste) ;   VERGNETTE (DE).
GUICHARD-PERRIN ;

EXPLICATION

DES OUVRAGES

DE PEINTURE, SCULPTURE, GRAVURE ET DESSIN

Exposés au Musée de Chalon-sur-Saône,

LE 18 JUIN 1854.

———◦———

MM.

ADELINA (Mlle), 136, boulevard Montparnasse, à Paris.

1 — * Roses trémières et pervenches ;   pastel.

2 — * Idem marguerites et capucines ;   idem.

3 — * Roses trémières et roses ;   peinture.

ALESSIO (Mlle Antoinette), 34, rue Port Charlet, à Lyon.

4 — * La piété filiale ;   peinture sur émail.

5 — * Le baiser fraternel ;   idem.

6 — * Paul et Virginie ;   idem.

ALLEMAND (Hector), 1, rue Bourbon, à Lyon.

7 — * Site peint d'après nature sur les bords de la Saône, près de Lyon.

APPIAN (fils), 12, rue des Prêtres, à Lyon.

8 — * Effet du soir.

9 — * Un étang, près de Crémieux (temps couvert).

10 — * Roger dans l'île d'Alcine; dessin au fusin.

11 — * Ruines;   idem.

12 — * La plaine (effet du soir);   idem.

BAILLY (Léon), 33, rue des Vinaigriers, à Paris.

13 — * Les laveuses.

14 — * Une ferme aux environs de Lyon.

BALFOURIER (Adolphe), 11, rue Bleue, à Paris.

15 — * La tour Semblancq, près Elche (Espagne).

16 — * Environs d'Oradour (Haute-Vienne).

17 — * Falaises d'Etretat (offert par l'auteur à la Société des Amis des Arts de Chalon).

BARON (Stéphan), 24, rue Bonaparte, à Paris.

18 — * Après le bain.

19 — * Danses mauresques.

BELLET-DUPOISAT (Ald.), 13, place Louis-le-Grand, à Lyon.

20 — * Maëstro è prima donna.

BENTABOLLE, 22, rue Pigale, à Paris.

21 — * Une plage : Environs de Morgate (Finistère).

BERGER (Léonard), professeur de peinture et de dessin, rue de la Fontaine, à Chalon.

22 — Portrait de M. Nièpce (Nicéphore), d'après un buste en terre.

Rendons à César ce qui appartient à César, et restituons à Nièpce le mérite de la découverte de la *Photographie*, connue d'abord et faussement sous le nom de *Daguerréotype*.

Joseph-Nicéphore Nièpce est né à Chalon-sur-Saône, en 1765. Le cadre beaucoup trop étroit d'une courte notice ne nous permet point de le suivre pas à pas dans ses essais longtemps infructueux, ni dans les solutions de nombreux *problèmes mécaniques*, recherchées en commun avec son frère.

La lithographie venait d'être importée en France : cet art nouveau fixait au dernier degré l'attention générale. Comme tout le monde, Nièpce se livra à des essais lithographiques ; mais, ayant échoué dans ses tentatives, il imagina de substituer à la pierre un métal poli, et c'est dans le cours de ses recherches qu'il conçut l'idée d'obtenir sur une plaque métallique la représentation des objets extérieurs par la seule action des rayons lumineux !

Les essais photographiques de Nièpce remontent à 1813, et c'est dans les premiers mois de l'année suivante qu'il fit ses premières découvertes. Nous le répétons, nous ne pouvons, à notre grand regret, puisque l'espace nous manque, suivre Nièpce dans ses nombreuses tentatives, dans ses joies et dans ses déceptions.

Constatons donc seulement que, dès 1827, Nièpce présenta à la Société royale de Londres quelques spécimens de ses produits photographiques ; il les accompagna d'un mémoire explicatif portant la date du 8 décembre 1827. Mais, comme l'inventeur refusa de faire connaître ses procédés, la Société royale de Londres ne s'occupa plus de cet objet.

A cette époque, dès le commencement de 1827, Nièpce fut mis en rapport avec Daguerre, qui se livrait, de son côté, mais sans résultats satisfaisants, à des travaux analogues à ceux de Nièpce. Toutefois, ces rapports étaient, de la part de notre compatriote, pleins de réserve et de défiance, en quelque sorte instinctives : il semble qu'il pressentait déjà que Daguerre s'emparerait un jour de sa gloire. Néanmoins, Nièpce proposa à Daguerre de s'associer à lui pour s'occuper en commun des perfectionnements que réclamait son invention. Un traité fut passé entre eux à Chalon, le 14 décembre 1829 ; Nièpce, sortant de sa réserve, livra tous ses secrets à Daguerre. Alors, les deux associés s'appliquèrent sans relâche à perfectionner par mille combinaisons les découvertes de Nièpce : un volume ne suffirait pas pour enregistrer tous ces essais. Après de nombreuses recherches et des expériences non moins nombreuses, et sur le point d'atteindre le but tant désiré, Nièpce mourut à Chalon, le 5 juillet 1833, âgé de 63 ans.

Resté seul, Daguerre continua ses opérations avec ardeur ; et, le 7 janvier 1839, M. Arago annonça à l'Académie des sciences la découverte de la *photographie !* Chacun se souvient encore de l'impression extraordinaire que cette nouvelle produisit dans toute l'Europe. Le nom de Daguerre, presque inconnu la veille, acquit bientôt une immense célébrité ; mais, on le sait, du véritable inventeur, du modeste et infortuné Nièpce, mort à la tâche, pas un mot ! La découverte fut nommée *Daguerréotype*, et tout fut dit. Ce ne fut que plus tard que l'on connut la vérité, notamment par M. Bauër, membre de la Société royale de Londres qui, par sa lettre du 27 février 1839, adressée au rédacteur en chef de la *Gazette littéraire* de Londres, fit connaître qu'il possédait, dès 1827, des épreuves photographiques qui lui avaient été données par Nièpce ; lesquelles épreuves, au dire de M. Bauër, sont aussi parfaites que les produits de Daguerre, communiqués par lui à l'Académie des sciences, en 1839.

Ainsi, Joseph-Nicéphore Nièpce, l'auteur de la plus remarquable découverte de notre siècle, est mort sans gloire, oublié de ses concitoyens, avec la pensée désolante d'avoir perdu vingt années de sa laborieuse existence, dissipé sa fortune et compromis l'avenir de sa famille à la recherche d'une idée qu'un autre a réalisée.

Nous serons heureux si cette courte notice peut contribuer à faire rendre une justice tardive à notre savant compatriote.   V. F.

BERTHIER (Eug.), 33, rue de l'Est, à Paris.

23 — * La Méditation.

BIONDI (Vincent), 142, faubourg Saint-Honoré, à Paris.

24 — * Tête de Christ, d'après Guercino ; pastel.

25 — * Tête de Vierge,   idem ;   idem.

BOHM (Auguste), 10, rue de Navarin, à Paris.

26 — * Le soir : Bords de l'Yperlée (Flandre).

BONHEUR (Isidore), 7, rue Dupuytren, à Paris.

27 — * Une gazelle mâle d'Afrique ;   bronze.

28 — * Une gazelle femelle d'Afrique ;   idem.

29 — * Un chien anglais ;   idem.

30 — * Un bœuf ;   idem.

31 — * Un cheval ;   idem.

32 — * Un chevreau couché ;   idem.

BONHEUR (Mlle Rosa), 7, rue Dupuytren, à Paris.

33 — * Un bélier couché ;   bronze.

BONNEFOI (Dominique), à Lyon.

34 — * Scène italienne : Une vengeance.

35 — * Idem : Une exécution dans une prison.

BONNIN-GARNERON (Mme), à Chalon.

36 — Portraits de M. et Mme....., à cheval.

37 — Portraits de Mlles.....

38 — La courtisane, d'après Xavier Sigalon.

39 — Une tête de jeune fille, d'après Greuze.

*

40 — Polixène au tombeau d'Achille.

41 — François Ier et Charles Quint chez Mme d'E-
tampes.

42 — Vue du Dauphiné.

43 — Lesbie (petite tête d'étude).

44 — Scène champêtre, d'après Boucher.

45 — Mignature à l'huile.

46 — Portrait de Mme F.....

47 — Le départ pour la promenade ;   aquarelle.

48 — Pâtre tyrolien.   Id.

49 — Une rêverie.   Id.

50 — La Esméralda.   Id.

BOUCHER, à Pourlans.

51 — * Le départ pour la chasse.

52 — * La jeune orpheline.

53 — * Femme sauvage, pleurant son enfant mort.

54 — * Tête d'enfant.

BRISSOT DE WARVILLE (Félix), au palais
de Compiègne (Oise).

55 — * Lisière de forêt.

BRIAND (Bernard), sculpteur, 10, rue Fruc-
tidor, à Chalon.

56 — * Meuble sculpté, style Renaissance.

BRUYS (Léon de), de Mâcon, demeurant à
Paris, quai de l'Horloge, 17.

57 — * Matinée d'automne, entrée de forêt.

58 — * Lisière de forêt.

BOULICOT, élève de M. Berger, à Chalon.

59 — Paysage.

CHEVALIER, 35, rue de l'Enfance, à la Croix-Rousse, à Lyon.

60 — * Paysage : Soleil couchant dans le département de l'Isère.

CHINTREUIL, 18, rue de Seine, à Paris.

61 — * Vue prise à Igny, près de Bièvre.

62 — * Vue prise dans la vallée d'Yères, près de Brunoy.

CINIER-PONTHUS, 1, place Montazet, à Lyon.

63 — * Le sentier sous les bois.

64 — * Arbres penchés sur la rivière d'Ain.

65 — * Le Suran de la tour Saint-André.

66 — * Le bouquet d'arbres sur l'Ain.

COUTURIER (Léon-Ph¹), de Chalon-s.-S., demeurant à Paris, 5, rue Neuve-Coquenard.

67 — * Un coin de basse-cour.

COUTURIER (Nicolas), directeur de l'École de dessin, à Chalon-sur-Saône.

68 — Vue du grenier à sel de Lyon.

69 — Vue prise dans l'intérieur de St-Vincent de Chalon.

70 — Plusieurs portraits, sous le même N°.

71 — Une enfant jouant avec sa poupée.

72 — Un Christ, d'après un bas-relief.

73 — Pauvre petite charité.

Un petit Savoyard murmure ces mots à une porte; des enfants l'ouvrent et donnent leur goûté.

COUTURIER (Sébastien), de Chalon, demeurant à Lyon.

74 — Coq et canard.

75 —   Idem.

76 — Canards ; aquarelle.

77 — Coq et poules ; idem.

CUBISOLE, ex-pensionnaire de Rome, élève de M. le comte Ruolz et de M. Perraud, 28, quai Fulchiron, à Lyon, ou à Paris, 86, rue de l'Ouest, chez M. Perraud.

78 — * Jeune personne sortant du bain ; statue en marbre de Carrare.

79 — * Christ et croix, en marbre d'un seul morceau.

DANIEL (Vincent), du Puy.

80 — * Paysage ; dessin au fusin.

DEFRANCE (Mᶫᶫᵉ Henriette), de Paris, chez M. Ménétrier, Grande-Rue, à Chalon.

81 — Portrait de l'artiste, peint par elle-même.

82 — Portrait de M. Pitois.

DEJUSSIEU (Henri), de Mâcon, demeurant rue Madame, 47, à Paris.

83 — Portrait de Mᵐᵉ ****.

84 — Vue de la campagne de Rome.

85 — Copie d'une allégorie de Paul Véronèse, faite au Musée de Florence.

Deux femmes, dont l'une tient un miroir, l'autre une branche d'olivier, sont unies par un amour qui noue un ruban au bras de chacune d'elles.

DEYRIEUX (Georges), 7, rue Thomassin, à Lyon.

86 — * Gibier (nature morte).

DOZE, 27, boulev. du Grand-Cours, à Nismes.

87 — * La Visitation de la Vierge.

88 — * Femme de Muret (Haute-Garonne), à la fontaine des Trois-Tuyaux.

DUBOZ (J.), né à Chalon, demeurant à Paris, quai Napoléon, 7.

89 — * Dessin à la plume : Vue de la pompe Notre-Dame, à Paris, d'après nature.

90 — * Idem : Vue de St-Gervais, à Paris, idem.

91 — * Idem : Fac-similé d'une gravure à l'eau-forte.

DUCLEAUX, 21, quai de l'Hôpital, à Lyon.

92 — * Le pâturage.

DULAC fils, de Savianges, élève de M. Berger, à Chalon.

93 — * Portrait de Greuze, d'après le tableau de l'Hôtel-de-Ville de Tournus, offert par l'auteur à la ville, pour faire partie de la galerie des hommes illustres de Saône-et-Loire.

DUMAS, à Lyon.

94 — * Vase de fleurs.

DRUARD (Henri), de Chalon, 10, rue des Saints-Pères, à Paris.

95 — * La Mère des amours.

96 — L'amour qui passe.

97 — L'amour qui vient.

98 — Vénus et l'Amour.

FLACHÉRON (Isidore), à Rome.

99 — * Ruines des aqueducs de Claude, environs de Rome.

100 — * Le lac de Némi, idem.

FLEURY (Léon), 46, rue St-Lazare, à Paris.

101 —* Vue des marais des environs de Trouville.

FÉLON (Joseph), 3, rue du Regard, à Paris.

102 — * L'enfance.

GABILLOT, 21, quai de l'Hôpital, à Lyon.

103 — * Vue prise à Lochieux (Ain); dessin à la mine de plomb.

GAMBUT (Albert-J.-B.), fabricant de poteries artistiques, à Beaune.

104 — * Différents vases d'après l'antique.

GARNERAY (Hipp.), 37, rue Beauregard, à Paris.

105 — * Vue prise en Bretagne.

106 — * Vue prise à Château-Gonthier ; dessin.

GARNIER (Odule), à Autun.

107 — * Les Femmes Gauloises, d'après Glaise.

108 — * St-Pierre, d'après Lefranc.

GAUTHIER (Armand), 12, rue de Seine-
Saint-Germain, à Paris.

109 — * Vue prise à Meudon.

GÉNIOLE, 34, rue de la Victoire, à Paris.

110 — * Gitanos un jour de fête à Grenade, en
Andalousie ; aquarelle.

GILLET (Emile), 4, place des Célestins, à
Lyon.

111 — * La chute du Var, d'après Lapito.

GOYET fils (Eugène), 27, rue de la Chaussée-
d'Antin, à Paris.

112 — * Tête de Christ au Jardin des Oliviers.

GOYET (J. B.), 27, rue de la Chaussée-
d'Antin, à Paris.

113 — * Suzanne au bain.

GUILLIAUD (Ernest), 1, quai des Cordeliers,
à Lyon.

114 — * Vue prise en Bourgogne.

115 — * Bassin de réparation des bateaux à vapeur
aux Brotteaux.

GUINAND, sculpteur, 4, rue Petit-David, à
Lyon.

116 — * Guéridon, noyer sculpté.

117 — * Guéridon,   idem.

HUBERT (E.), 12, rue du Delta, à Paris.

118 — * Vue prise au bord de l'Indre.

119 — * Nature morte.

120 — * Vue prise à Ingouville, environs de Dieppe.

HEULIN (Alph.), place des Célestins, à Lyon.

121 — * Moulin dans les Cévennes, d'après Wattelet.

HINTZ (Jules), 24, rue Pigale, à Paris.

122 — * Vue du Tréport.

JACQUES (Charles), à Paris.

123 — Cour de ferme.

124 — Intérieur d'une ferme.

125 — Poules et coq.

126 — Gravures à l'eau forte.

127 — Gravures , idem.

LACURIA (Louis), 4, rue de l'Abbaye-d'Aynan, à Lyon.

128 — * Une sainte famille.

129 — * Le bon samaritain.

130 — * Tête d'étude.

131 — ' Portrait de M. Louis Lacuria.

LACURIA (Mme Thérèse), 4, rue de l'Abbaye-d'Aynan, à Lyon.

132 — * La Vierge Marie enfant.

LALANNE (Maxime), 1, chemin de ronde de la barrière des Martyrs, à Paris.

133 — * Dessin au fusin, composition.

134 — * Dessin au fusin,   idem.

LAPOSTOLET (Charles), 33, rue des Vinaigriers, à Paris.

135 — * Vue prise aux environs d'Essonnes (Seine-et-Oise).

136 — * Intérieur de cuisine en Brie.

LAVIE, de Marcigny (Saône-et-Loire).

137 — * Une lisière de bois.

138 — * La tour Morgat, dépendance de l'ancienne abbaye.

LOMBARD (François-Auguste), 1, rue Saint-Côme, à Lyon.

139 — * Paysage.

140 — * Vue prise à Nièvre (Ain).

141 — * Fruits (pochade).

LOUBON (E.), au musée de Marseille.

142 — * Un temps de pluie.

143 — * La laitière et le pot au lait.

144 — * Costume du bourg de Batz en Bretagne.

LOYDREAU (Ed.), à Chagny.

145 Portrait de Miss.***, photographie.

146 Portrait, idem ;   idem.

147 Déchargeoir de la Dheune, à Chagny, photogr.
148 Porte Saint-Martin, à Beaune,   idem.
149 Vue prise au moulin de Chaudenay,   idem.
150 Effet de gîvre et de brouillard, à Chagny, idem.
151 La Cousanne, à Sampigny,   idem.
152 La colonne de Cussy,   idem.
153 Croix du cimetière, à Santenay,   idem.
154 Maison d'ancienne construction, à Nolay, idem.
155 Rome-Château,   idem.
156 Château de Chagny,   idem.
157 Roches de Rome-Château,   idem.
158 Sur les ponts, à Chagny,   idem.
159 Statue de Napoléon, par M. Rude, à Fixin, id.
160 La rigole, à Cheilly,   idem.
161 Chaumière, à Raconnay,   idem.

LAMY (Joseph), 30, cours Devilliers, à
    Marseille.

162 — * Marchande de poissons.
163 — ` Marchande de volailles.

MAIZIÈRES (Charles de), à Chalon.

164 Vue prise au Bugey.

MARÉCHAL (J.-B.), élève de M. Berger,
    à Chalon.

165 — Portrait de Lamartine, offert par l'auteur à
    la ville, pour faire partie de la galerie des
    hommes illustres de Saône-et-Loire.

M. C.... (Mlle), élève de M. Couturier.

166 Paysage.

167 Paysage.

MATHIEU (Auguste), de Dijon, demeurant à Paris, 15, rue Chaptal.

168 — * Souvenir de Picardie.

MÉNARD (Louis), 52, rue Madame, à Paris.

169 — * Un ravin, près de Fontainebleau.

170 — * Les bords de la Touque, en Normandie.

MÉNARD (René), rue Madame, à Paris.

171 — * Paysage avec animaux.

172 — * Animaux au repos.

MORIN (Gustave), rue Poussin, à Rouen.

173 — * Le secret des filles d'honneur.

174 — * L'antiquaire.

175 — * Le bibliomane.

NOEL (Jules), à Paris.

176 — Marine.

ORTMANS, 128, rue de France, à Fontainebleau.

177 — * Vue prise dans la forêt de Fontainebleau.

178 — * Petite cascade des environs de Versailles.

OUVRIÉ (Justin), 22, rue de la Bruyère, à Paris.

179 — * Vue prise à La Haye (Hollande).

PELLETIER (Louis), professeur de dessin à l'École impériale d'application de l'artillerie et du génie, à Metz.

180 — * Effet d'hiver ; aquarelle.

181 — * Effet d'automne ; idem.

PELLETIER, à Chalon.

182 — Pêches et raisins.

183 — Pommes et melon.

PERRACHON (André), 2, chemin du pont d'Alay, à Lyon.

184 — * Nature morte ; gouache.

185 — * Le nid dans les fougères ; aquarelle.

PERRET, à Mâcon.

186 — * Les deux Savoyards.

187 — * Vue du château de Berzé-le-Chastel, près Mâcon.

188 — * Vue des gorges d'Oullioul ; sépia.

189 — * La Mort de Narcisse ; dessin à la plume.

190 — * Etude de fleurs, aux trois crayons.

PETIOT-GROFFIER, à Chalon.

COLLECTION D'ÉPREUVES PHOTOGRAPHIQUES.

191 Vue de la chapelle de M. Bonnardot, de Vessey, par P. G. (négatif au collodion).

192 Vue de la forge de la distillerie des Alouettes, par le même ; (idem).

193 Vue de la façade de l'Hôtel-de-Ville de Paris , anc. partie , par le même (nég. pap. hum.).

194 Vue de la Maison-Carrée, à Nismes, par Baldus ;   (idem).

195 Vue du pont du Gard, par le même ;   (idem).

196 Vue de la façade du cloître St-Gille, idem (idem).

197 Vue générale d'Avignon , par le même (idem).

198 Vue du pavillon de l'Horloge dans la cour du Louvre , par le même ;   (idem).

199 Vue intérieure du cloître Saint-Trophime, à Arles, par le même ;   (idem).

200 Vue de l'église Notre-Dame, à Paris, id. (idem).

201 Vue de la façade du cloître St-Trophime , à Arles, par le même;   (idem).

202 Vue de l'Hôtel-de-Ville, à Paris, idem (idem).

203 Vue de la fontaine de Nismes, statue de Pradier , par le même;   (idem).

204 Portrait de M. Niepce St-Victor, par Plumier (négatif au collodion).

205 Vue du château de Maintenon, par Ferrier (idem, albumine).

206 Vue du château de Pau, par le vicomte Vigier (idem , papier humide).

207 Vue des Pyrénées, par le même;   (idem).

208 Vue de l'École de la Flèche, par J. M. Taupenot;   (négatif albumine).

209 Vue intérieure de la chapelle de la Flèche, par le même;   (idem).

210 Vue d'un arbre abattu dans une forêt, par E. Giroux;   (négatif au collodion).

211 Vue d'Auvergne, par E. Giroux (nég. coll.)

212 Vue de Rochers, par Le Sèque (négatif papier sec).

PEYRONNET (H.), à Lyon.

213 — * Le printemps.

214 — * L'été.

215 — * Le conseil au désert.

216 — * Une pauvre famille italienne se reposant aux environs de Gênes.

PICARD (Joseph), 6, petite rue des Feuillants, à Lyon.

217 — * Intérieur d'une forge : Effet de feu pendant la nuit.

PILLIARD (Jacques), 3, quai de Retz, à Lyon.

218 — * L'éducation de la Sainte-Vierge.

PINEL (Eugène), 22, rue Vivienne, à Paris.

219 — * Vue des environs de Crotoy (Somme).

PLAUTET (Henri), à Paris.

220 — Vue prise dans la forêt de Fontainebleau : Effet du soir.

POISOT fils, de Chalon, élève de M. Berger (Léonard).

221 — Portrait de Denon (Vivant), offert par l'auteur à la ville, pour faire partie de la galerie historique des hommes illustres de Saône-et-Loire.

222 — * Pierrot.

223 — Dessin à la plume.

POURRA (Mlle Hélène), 6, rue de la Gerbe, à Lyon.

224 — * Nature morte.

225 — * Vue prise à Crémieux (Isère).

PRON (Hector), 29, quai d'Anjou, à Paris.

226 — * Site de la Bourgogne.

P.... (X...), à Chalon.

227 — Jeune fille (genre Greuze).

QUILLENBOIS (de Sarcus), 39, rue Vannerie, à Dijon.

228 — * Souvenir du bal de l'Opéra.

229 — * Nature morte.

RAFFORT, à Chalon.

230 — * Vue de Constantinople (entrée du faubourg de Péra).

PONS, de l'Hérault (Mlle Pauline), 32, rue de Bondy, à Paris.

231 — * Page de missel moyen-âge, peinte sur vélin.

PONS, de l'Hérault (Mlle Hermine), même adresse.

232 — Fruits de l'Italie méridionale.

SAIN (Alexandre), né à Cluny (S.-et-L.), demeurant à Paris, 12, rue de Seine-Saint-Germain.

233 — * La mansarde.

SAINTE-MARIE (Alfred), 56, rue Truffaud, à Batignolles-Monceaux.

234 — * Intérieur d'écurie.

SALMON, 8, rue du Delta projetée, à Paris.

235 — * Intérieur (paysanne mangeant la soupe).

SÉBELON (Auguste), 17, rue Royale, à Lyon.

236 — * Une Bressanne.

SICARD, 21, quai de l'Hôpital, à Lyon.

237 — * Branche de pommier;   pastel.
238 — * Coquelicots et pivoines;   idem.
239 — * Fruits.
240 — * Les vertus théologales (lithographie).

TÊTE (Philibert), né à Seurre (Côte-d'Or), élève de M. Berger (Léonard).

241 — * Épisode de la guerre d'Afrique, d'après Lansac.
242 — * Épisode de la campagne de 1814, idem.

THÉNOT, 24, rue Bonaparte, à Paris.

243 — * Site des Pyrénées.
244 — * Le moulin d'Orval, près de l'abbaye de ce nom (duché de Luxembourg); pastel.

VAGNER (Mlle Élise), place des Cordeliers, 7, à Lyon.

245 — * Groupe de raisins et fleurs.

246 — * Groupe de fleurs dans un vase.

247 — * Groupe de pêches.

248 — * Roses de Dijon.

VALOTTE (Mlle Octavie), 10, rue Longepierre, à Dijon.

249 — * Le printemps, d'après Rosalba; pastel.

250 — * La femme à la colombe, idem;   idem.

VARENNE (Eugène), 11, rue Bleue, à Paris.

251 — * Printemps.

VERNAY (Emile), 32, quai Puits-de-Sel, à Lyon.

252 — * Une vallée près Optéoz (Isère); effet de midi.

253 — * Idem, idem; effet de matin.

VIGER-DUVIGNAU, 39, rue de l'Ouest, à Paris.

254 — * Sainte Anne instruisant la sainte Vierge.

255 — * L'apôtre saint Jean endormi dans le sein de Jésus-Christ.

Mme VIGER, née Maricot, de Chalon-S.S., demeurant rue de l'Ouest, 36, à Paris.

256 — * Odette et Charles VI.

Odette de Champdivers, surnommée la petite reine,

maîtresse de Charles VI, se dévoua aux malheurs de ce prince et y fut fidèle. — Scène dans laquelle Charles VI, occupé au jeu de cartes dont on cherchait à l'amuser pendant sa maladie, est subitement pris d'un accès de sa folie, croyant entendre l'approche des Anglais.

257 — * Soubrette du temps de Louis XV.

D'après les originaux composés par M. Viger-Duvignau.

VILLOUD, 24, rue de l'Arbre-Sec, à Lyon.

258 — * Jeune paysan réparant ses outils.

259 — * Marchande de légumes.

260 — * La leçon de lecture.

261 — * La question d'Orient.

VIOT (A.), de Bourg (Ain).

262 — * Vallon de Clairefontaine, à Virieux-le-Grand (Bugey).

263 — * Vue prise dans la vallée de Suran (Jura).

264 — * Soleil d'hiver.

WOS, de Hambourg.

265 — * Groupe de fruits.

SUPPLÉMENT.

BERTRAND (Mme) , à Chalon.

266 — Copie d'après Ary Scheffer.
267 — Idem , d'après Couderc.
268 — Mois de Marie.

EXPLICATION DES SUJETS.

FRONTISPICE.

Promesse de la venue d'une femme qui écrasera la tête du serpent.

1er *Tableau*. Immaculée Conception.
2me — Naissance de Marie.
3me — Consécration de Marie.
4me — Éducation de Marie.
5me — Marie au Temple avec ses compagnes.
6me — Mariage de Marie.
7me — Annonciation.
8me — Visitation.
9me — Songe de Saint-Joseph.
10me — Nativité , adoration des anges.
11me — Adoration des bergers.
12me — Adoration des mages.
13me — Présentation de N. S. au Temple.

14me — Fuite en Égypte.

15me — Retour d'Égypte.

16me — Marie travaillant en famille.

17me — Obéissance de Jésus à Marie.

18me — Douleur de Marie cherchant son fils.

19me — Marie trouve Jésus au milieu des docteurs.

20me — Baptême de Jésus.

21me — Noce de Cana.

22me — Rencontre de Jésus et de Marie après la Cène.

23me — Marie sur le chemin du Calvaire.

24me — Marie au pied de la croix.

25me — Visite de Marie au tombeau.

26me — Apparition de Jésus à Marie.

27me — Ascension.

28me — Descente du Saint-Esprit.

29me — Mort de Marie.

30me — Assomption.

31me — Triomphe de Marie.

BIONDI (Vincent), 142, faubourg St-Honoré, à Paris.

269 — Ste-Cécile et la Ste-Vierge, gravures offertes par l'auteur à la Société des Amis des Arts de Chalon-sur-Saône.

CAMBRY (Louis de), 19, rue de Navarin, à Paris.

270 — * Souvenir de Normandie.

271 — * Paysage.

CARAUD, né à Cluny (Saône-et-Loire), demeurant à Paris, 34, rue Lafayette (élève d'Abel de Pujol).

272 — * Une femme au raisin.

DRUARD (Henri), à Paris.

273 — Copie d'un plafond du Louvre, d'après Léon Cogniet.

GARNIER (Odule), à Autun.

274 — * L'Exilé, d'après Vanloo.

275 — * Nature morte, d'après Charton.

GUY (Louis), 68, quai de Bondy, à Lyon.

276 — * Un pâturage du Jura.

277 — * Un intérieur de châlet (Suisse).

PETIOT-GROFFIER.

278 — Vue de l'hôpital de Chalon.

279 — Idem.

PROTHEAUX, né à Fontaines (Saône-et-Loire), demeurant à Paris, 57, rue Cherche-Midi.

280 — * Petite fleur des champs ; statue en plâtre.

PERRET, 22, rue Lamartine, à Mâcon.

281 — * Étude de rochers ; dessin à la plume.

282 — * Le château de Cruzilles (Saône-et-Loire); dessin à la plume.

283 — * Grotte de St-Bruno, à la Chartreuse ; dessin fixé.

SURIGNY (A. DE), rue de la Barre, à Mâcon.

284 — * Châsse destinée aux reliques de St-Martin.

La première face représente le Christ législateur, auteur et conservateur de toute sainteté.

*

Les trois autres faces représentent :

· 1º St-Martin donnant la moitié de son manteau à un pauvre, à la porte d'Amiens. ·

2º St-Martin protégé miraculeusement contre la chute d'un arbre sacré.

3º La messe de St-Martin.

285 — * Châsse destinée aux reliques de St-Claude.

1re *Face*. La Vierge Mère de Dieu.

2me — St-Claude ressuscitant un enfant à la prière de sa mère.

3me — St-Claude exhortant ses religieux.

4me — Les reliques de St-Claude portées par les campagnes de la Franche-Comté et y opérant des miracles.

CARTERON , de Péronne, 7, place de la Baille, à Mâcon.

286 — * Famille de la Bresse, à la messe.

VERBOEKHOVEN (Louis) , Belgique.

287 — * Marine, bords de l'Escaut.

BROSSARD (P.) , d'Autun.

288 — * Le Gaulois prisonnier.

PHILIPPE DE CHAMPAIGNE (Attribué à).

289 — L'inscription suivante , qui se lit au bas du tableau , en explique le sujet :

Tableau fait à Chalons auquel sont peintes une partie des persones qui ont etté guéries en ce lieu là de diverses maladies par l'intercession de la V. M. Magdeleine de St-Joseph carmélite ; lesquels tous se sont fait tirer en naturel et ont desiré estre représentez à ses piedz en action de grâces de la santé qu'elle leur a obtenue.

M. C..... (Mlle) , élève de M. Couturier.

290 — Paysage ; copie.

LISTE GÉNÉRALE

DES MEMBRES

DE LA SOCIÉTÉ DES AMIS DES ARTS DE CHALON-SUR-SAONE,

AU 12 JUIN 1854.

MM.

Alin-Thevenin.
Almelet.
Amiard, principal du collége.
Arveux.
Audiffred (Jules), à Rully.
Baillet-Meulien.
Barrault fils.
Batault (Henri).
Bellenand, receveur municipal.
Benoist, avocat.
Berger, peintre.
Berthault-Ducreux.
Bessy, receveur des hospices.
Bô (J.-M).

MM.

Bonneau-Maurel.

Bonthoux-Laurent.

Bourdon, curé de Saint-Vincent.

Bretennières (de).

Briand (Bernard), sculpteur.

Brocard, directeur de l'école primaire supérieure.

Brunet-Denon (le général baron), député au Corps Législatif.

Bugniot (l'abbé).

Bugniot-Gros.

Camoin de Vence, substitut du procureur impérial.

Canat (Marcel).

Canat (Paul).

Chabas.

Chardonnet père (de).

Charrière (le baron de), receveur des finances.

Chevalier-Lorenchet.

Chevreau, président du tribunal civil.

Chevrier-Descat.

Chevrier (Jules), adjoint.

Chevrier-Laurent (Mme).

Chevrier (Simon).

Chopin, substitut du procureur impérial.

Clavière, directeur des postes.

MM.

Cohen, ingénieur.

Comoy, ingénieur.

Compain, curé de Saint-Pierre.

Coste-Caumartin (Ferdinand).

Couturier, peintre.

Crétin-Perny.

Davayé (de), à Mâcon.

Defranc, notaire.

Dejussieu (Jules).

Demaizières (Xavier).

Deschizelles (l'abbé).

Desgranges fils aîné.

Desmarquet (Louis), à Mâcon.

Desmarquet (Tony), à Mâcon.

Desserteaux-Gresse.

Duclos, architecte.

Ducrot fils (Henri).

Dulac (Alfred).

Dulac fils.

Eigenschenk, sous-préfet de Chalon.

Fay (Guillaume du), procureur impérial.

Febvre (Mme), à Mâcon.

Flattot (l'abbé).

Forest (Emile).

Forest (J.-M.).

Fouque (Victor).

MM.

Gaubert, avocat.

Georges (Auguste).

Gouy (Auguste).

Gras–Picard.

Gros–Monnier (Mme).

Guichard-Perrin.

Guichard-Potheret.

Jeunot-Adenot.

Jomain.

Jeunelot (Charles).

Labourée, ingénieur.

Laire (colonel).

La Loyère (général de).

Landa (Louis).

La Rochette (de).

Lebrun-Dejussieu.

Lépine, adjoint.

Lépine fils (Charles).

Le Royer, avocat.

Lévêque, peintre.

Lewall, architecte.

Loydreau, médecin, à Chagny.

Loyseau de Charréconduit fils.

Maizières (Charles de).

Marchand, directeur de l'école mutuelle.

Marches (des).

MM.

Menand fils.

Ménétrier.

Méray, ancien notaire.

Méray fils (Charles).

Mercier (Hippolyte).

Meulien (Alexis).

Meulien (Alfred).

Meulien (Emile).

Midy, ingénieur.

Milliot, bibliothécaire.

Mongin, peintre.

Montalan, imprimeur.

Montcoy (baron Antoine de).

Moreau, ingénieur.

Nicod, professeur au collège.

Paccard, maire de chalon.

Pellissier (Adolphe), à Mâcon.

Pernet (Désiré).

Pernet-Jouffroy (Gabriël).

Perret (Jules).

Perrin-Corval.

Petiot-Groffier.

Picard, juge.

Pinet-Paccard (Isidore).

Plénard (Edouard).

Raffort (Étienne), peintre.

MM.

Richard (Louis).

Robin fils jeune.

Rocault de Ste-Sabine, à Paris.

Roche La Carelle (baron de la), à Sassangy.

Ruaut, médecin.

Scorailles (marquis de).

Sonnet (général).

Soultrait (de), receveur général, à Mâcon.

Surigny (de), à Mâcon.

Taupin (Prosper).

Theuriet (Jules).

Theuriet-Rougeot.

Thevenin (Onésime).

Tisseyre (Charles).

Tixier (J.-F.).

Thoisy (de), à Mâcon.

Varax (de).

Varennes (baron de), sénateur.

Vergnette de Lamotte (de).

Viennot, sous-inspecteur des eaux et forêts.

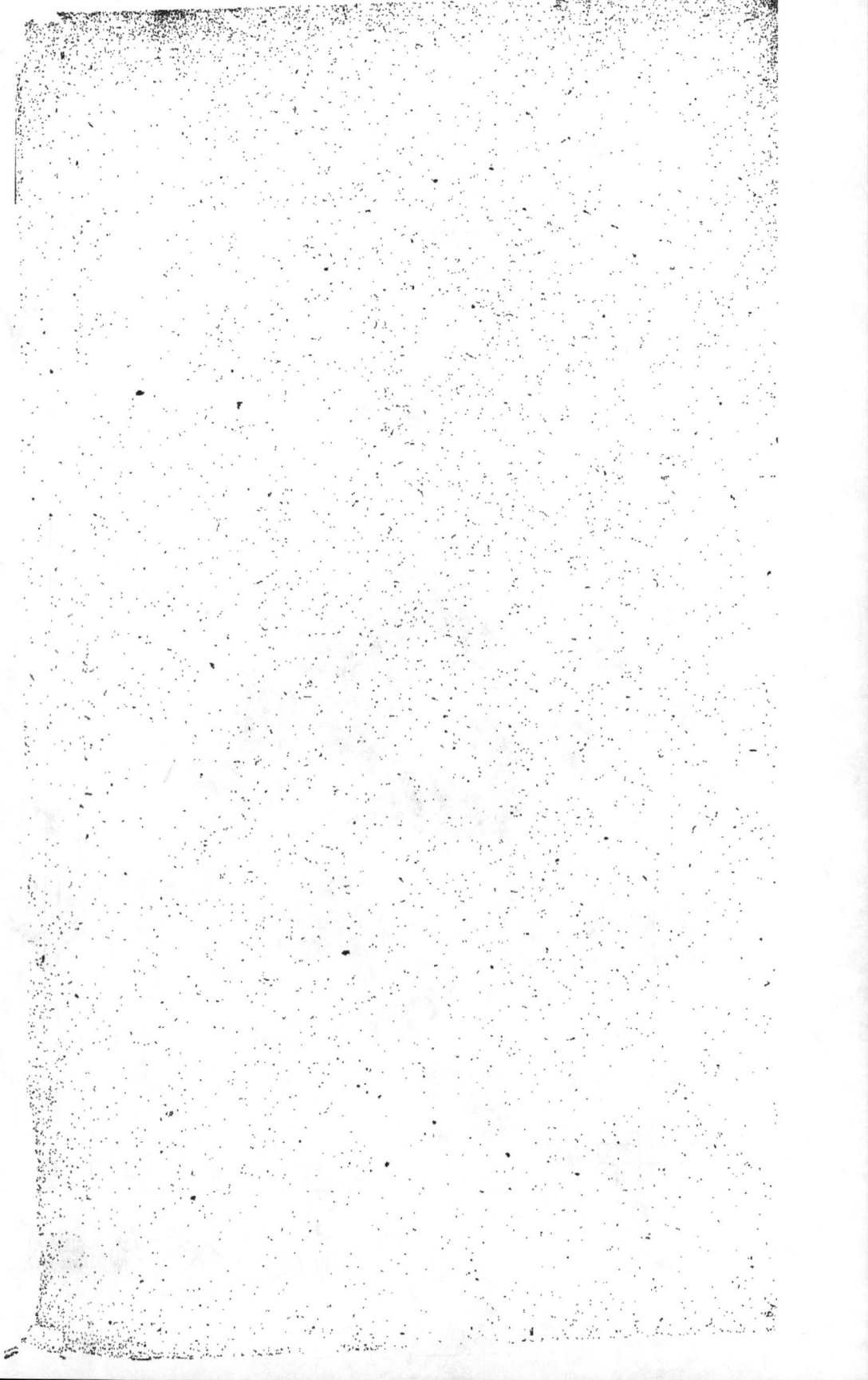